Louise L. Hay

Inspiration für Herz und Seele

INSPIRATION FÜR HERZ UND SEELE

1.

WOCHE

Notizen:

Ich bin mit der Fülle des Lebens verbunden

Ich bin Geist, Licht, Energie, Schwingung, Farbe und Liebe. Ich bin so viel mehr, als ich mir selbst zutraue. Ich bin mit allen Menschen und allem Leben auf diesem Planeten verbunden. Ich sehe, dass ich heil und gesund bin und in einer Gesellschaft lebe, in der ich unbesorgt andere Menschen lieben und selbst sein kann, wer ich bin. Diese Vision habe ich für mich und alle von uns, denn dies ist eine Zeit der Heilung und Ganzwerdung. Ich bin ein Teil des Ganzen. Ich bin eins mit allem Leben.

2.

WOCHE

Notizen:

Ich bin eins mit allen auf dieser Erde

Ich glaube nicht an die beiden polaren Mächte des Guten und des Bösen. Ich glaube an den Einen Unendlichen Geist. Ich glaube, dass den Menschen Gelegenheit gegeben wird, ihre Intelligenz, ihre Weisheit und die Werkzeuge, die ihnen mitgegeben wurden, auf jede erdenkliche Art und Weise zu nutzen.

Wenn ich von *den Menschen* spreche, meine ich in Wirklichkeit mich, denn im Grunde bin ich die Regierung, die Kirche und der Planet. Der Ort, an dem ich damit anfangen sollte, Veränderungen vorzunehmen, ist da, wo ich gerade bin. Ich finde, es ist allzu einfach zu sagen: »Es ist der Teufel. Es sind die anderen.« In Wirklichkeit geht es immer um *mich*!

3. WOCHE

Notizen:

Ich folge dem Pfad der rechten Handlung

In der Unendlichkeit des Lebens, wo ich bin, ist alles vollkommen, ganz und vollendet. In dem Wissen, dass ich eins bin mit der Quelle und dass ich dem Pfad der rechten Handlung folge, lebe ich zu allen Zeiten nach den richtigen Grundsätzen. Ich ziehe es vor, dass meine Gedanken mit allem, was zu meinem höchsten Wohl und meiner größten Freude ist, in Übereinstimmung sind. Meine Lebensqualität reflektiert diesen Zustand, in dem ich gegenwärtig sein will. Ich liebe das Leben. Ich liebe mich. Ich bin zu allen Zeiten in Sicherheit. Alles in meiner Welt ist in Ordnung.

4. WOCHE

Notizen:

Ich bringe frei zum Ausdruck, wer ich bin

Ich bin tatsächlich gesegnet. Es gibt wunderbare Möglichkeiten, um ich selbst zu sein, mich als der- oder diejenige, die ich wirklich bin, auszudrücken. Ich bin die Schönheit und Freude des Universums, die sich ausdrückt und empfängt. Ich umgebe mich mit Göttlicher Aufrichtigkeit und Gerechtigkeit. Ich weiß, dass die Göttlich richtigen Dinge geschehen, und was immer dabei herauskommt, es für mich und alle Beteiligten richtig ist. Ich bin eins mit der Kraft, die mich erschaffen hat. Ich bin wunderbar. Ich erfreue mich der Wahrheit meines Seins. Ich nehme es als solches an und lasse es so sein. Ich sage, so sei es, und weiß, dass alles in meiner wunderbaren Welt hier und jetzt in Ordnung ist. Und so ist es.

5. WOCHE

Notizen:

Ich bin in Frieden

Heute bin ich ein neuer Mensch. Ich entspanne mich und befreie meine Gedanken von jeder Art Druck. Kein Mensch, kein Ort, kein Ding kann mich irritieren oder stören. Ich bin in Frieden. Ich bin ein freier Mensch, der in einer Welt lebt, die ein Spiegel meiner eigenen Liebe und meines eigenen Verständnisses ist. Ich bin gegen gar nichts. Ich bin für alles, das die Qualität meines Lebens verbessern wird. Ich benutze meine Worte und Gedanken als Werkzeuge, um meine Zukunft zu formen. Ich drücke meine Dankbarkeit oft aus und halte Ausschau nach Dingen, für die ich dankbar sein kann. Ich bin entspannt. Ich lebe ein friedliches Leben.

6.
WOCHE

Notizen:

Mein Schlaf ist friedlich

Der Schlaf ist die Zeit, in der ich mein Tagewerk zu Ende bringe und mich regeneriere. Mein Körper baut sich wieder auf, wird erneuert und erfrischt. Mein Geist geht in den Traumzustand über, um die Probleme des Tages zu lösen. So bereite ich mich auf den kommenden neuen Tag vor. Während ich in den Schlafzustand eintrete, will ich positive Gedanken mit mir nehmen – Gedanken, die mir einen wundervollen, neuen Tag und eine wunderbare, neue Zukunft bringen werden.

Wenn ich also Ärger und Kritik in mir spüre, lasse ich sie los. Wenn Groll oder Furcht in mir aufsteigen, lasse ich sie los. Wenn Eifersucht oder Wut mich quälen, lasse ich sie los. Wenn Schuldgefühle oder das Verlangen nach Strafe in irgendeinem Winkel meines Geistes stecken, lasse ich sie los. Während ich in den Schlaf gleite, empfinde ich in Geist und Körper nichts als Frieden.

7. WOCHE

Notizen:

Ich atme in Liebe, ich fließe mit dem Leben

Dehne ich mich aus oder ziehe ich mich zusammen? Wenn ich meine Denkweise, meine Glaubensvorstellungen und alles, was sonst zu mir gehört, erweitere, kann die Liebe frei fließen. Wenn ich mich zusammenziehe, errichte ich Mauern und schließe mich ab. Wenn ich mich fürchte und bedroht fühle oder das Gefühl habe, dass irgendwas bei mir einfach nicht in Ordnung ist, beginne ich tief zu atmen.

Atmen macht mich offen. Es richtet meine Wirbelsäule auf. Es öffnet meinen Brustkorb. Es gibt meinem Herzen Raum, sich zu weiten. Indem ich Tiefatmung übe, lasse ich Schranken fallen und fange an, mich zu öffnen. Atmung ist ein Ausgangspunkt. Anstatt in Panik zu geraten, mache ich ein paar tiefe Atemzüge und frage mich: »Will ich mich zusammenziehen oder will ich mich ausdehnen?«

8. WOCHE

Notizen:

Ich liebe es, ich selbst zu sein

Kannst Du Dir vorstellen, wie wunderschön es wäre, wenn Du Dein Leben leben könntest, ohne von jemandem kritisiert zu werden? Wäre es nicht wundervoll, sich vollkommen zwanglos, vollkommen behaglich zu fühlen? Du würdest morgens aufstehen und wissen, dass Du einen wunderbaren Tag haben wirst, weil jeder Dich lieben und keiner Dich kritisieren oder herabsetzen wird. Du würdest Dich einfach großartig fühlen. Weißt Du was? Du kannst Dir das selbst schenken. Du kannst die Erfahrung, mit Dir selbst zu leben, zum denkbar wundervollsten Erlebnis machen. Du kannst morgens aufwachen und überglücklich sein, Dich selbst vorzufinden und die Freude zu spüren, einen weiteren Tag mit Dir zu verbringen.

9. WOCHE

Notizen:

Ich mache den nächsten Schritt zur Heilung

Wenn ich eine Affirmation wie diese spreche, ist mir klar, dass sie ein Ausgangspunkt ist. Sie macht den Weg frei. Ich sage zu mir selbst: *Ich werde Verantwortung übernehmen. Ich bin mir dessen bewusst, dass ich selbst etwas tun kann, um mich zu ändern.* Wenn ich diese Affirmation wiederhole, bin ich entweder bereit, alles, was es auch sein mag, loszulassen, und die Affirmation wird Wirklichkeit oder sie wird mir einen ganz neuen Weg eröffnen. Vielleicht habe ich brillante Geistesblitze oder ein Freund sagt mir am Telefon: *Hast Du das schon einmal ausprobiert?* So werde ich zum nächsten Schritt geführt, der mir bei meiner Heilung weiterhelfen wird.

10.

WOCHE

Notizen:

Ich schaffe mir meine Zukunft jetzt

Unabhängig davon, wie meine frühe Kindheit war – ob die beste oder die schlimmste –: Ich allein bin jetzt ganz für mein Leben verantwortlich. Ich kann meine Zeit damit vertun, meinen Eltern und meiner frühen Umgebung die Schuld zuzuweisen, aber das führt letztlich nur dazu, dass ich in der Rolle des Opfers gefangen bleibe. So bekomme ich nie das Gute, dass ich mir angeblich so sehr wünsche. Mein gegenwärtiges Denken erschafft meine Zukunft. Es kann ein Leben voll Negativität und Leiden erschaffen, aber auch ein Leben voll grenzenloser Freude. Ich entscheide mich jetzt für eine glänzende Zukunft.

11. WOCHE

Notizen:

Ich habe die Kraft, Veränderungen herbeizuführen

Es gibt einen Unterschied zwischen Verantwortung und Schuld. Wenn wir über Verantwortung reden, reden wir in Wirklichkeit darüber, *Macht zu haben.* Wenn wir über Schuld sprechen, sprechen wir darüber, den anderen *ins Unrecht zu setzen.* Verantwortung ist ein Geschenk, weil es Dir die Macht gibt, Veränderungen herbeizuführen. Unglücklicherweise wollen manche Menschen es als Schuld interpretieren. Solche Menschen akzeptieren normalerweise alles auf die eine oder andere Art als Schuldspiel. Es ist einfach eine andere Art, sich selbst ins Unrecht zu setzen. Ein Opfer zu sein ist auf einer Ebene wunderbar, denn dann sind alle anderen verantwortlich, und wir bekommen nicht die Gelegenheit, etwas zu verändern. Wenn Menschen darauf bestehen, sich schuldig zu fühlen, können wir nicht viel machen. Entweder akzeptieren sie die Information, oder sie tun es nicht. Lass sie einfach in Ruhe. Wir sind nicht dafür verantwortlich, dass sie sich schuldig fühlen.

12. WOCHE

Notizen:

Ich bin im Zentrum des Friedens

Die äußere Welt berührt mich nicht. Ich habe die Verantwortung für mein eigenes Wesen. Ich wache über meine innere Welt, denn von da aus erschaffe ich. Ich tue das, was ich tun muss, um meine innere Welt friedvoll zu halten. Mein innerer Frieden ist lebenswichtig für meine Gesundheit und mein Wohlsein. Ich gehe nach innen und gelange in die Dimension, wo alles still und rein ist. Ich mag diese Dimension als einen friedlichen, tiefen, stillen Teich sehen, der von grünem Gras und hohen, schweigenden Bäumen umgeben ist. Ich mag sie als weiße, wogende Wolken spüren, auf die man sich legt und gestreichelt wird. Ich höre sie vielleicht als fließende, angenehme Musik, die meine Sinne beruhigt. Ganz gleich, wie ich meine innere Dimension erfahren möchte, ich finde dort Frieden. In diesem Zentrum des Friedens bin ich. Ich bin die Reinheit und die Stille des Zentrums meines kreativen Prozesses. Ich erschaffe in Frieden. Ich lebe, bewege mich und erfahre das Leben in Frieden.

FRÜH

LING

13. WOCHE

Notizen:

Ich nehme alle Teile von mir an

Der umfassendste Teil des Heilens oder unseres Ganzwerdens besteht darin, alles an uns anzunehmen, all die verschiedenen Teile von uns selbst. Die Zeiten, in denen es uns gut ging und die Zeiten, in denen es uns weniger gut ging. Die Zeiten, in denen wir voller Angst waren und die Zeiten, in denen wir voller Liebe waren. Die Zeiten, in denen wir sehr dumm und töricht waren und die Zeiten, in denen wir sehr klar und klug waren. Die Zeiten, in denen wir der Verlierer waren und die Zeiten, in denen wir der Gewinner waren. Dies alles sind Teile von uns selbst. Die meisten unserer Probleme rühren daher, dass wir Teile von uns selbst ablehnen, uns nicht vollständig und bedingungslos lieben. Lasst uns nicht mit Scham auf unser Leben zurückblicken. Seht die Vergangenheit als die Herrlichkeit und die Fülle des Lebens. Ohne diese Herrlichkeit und diese Fülle wären wir heute nicht hier. Wenn wir alles an uns annehmen, werden wir ganz und heil.

14. WOCHE

Notizen:

Ich liebe mein Alter

Ich bin im vollkommenen Alter. Jedes Jahr ist für mich besonders und kostbar, denn ich werde es nur einmal erleben. Jedes Jahr von der Kleinkindzeit bis ins Alter ist erfüllt von seinen eigenen Wundern. Wie die Kindheit eine besondere Zeit ist, so auch das höhere Alter. Ich will alles selbst erleben. Ich wähle die Gedanken, die mir erlauben, mich mit meinem Alter wohl zu fühlen. Ich freue mich auf jedes neue Jahr, wie es sich vor mir entfaltet.

Ich liebe mein wunderbares Alter und bin dankbar dafür!

15. WOCHE

Notizen:

Ich liebe mein Aussehen

Ich liebe mein Aussehen. Es passt vollkommen zu mir und diesem Leben. Ich wähle mein Aussehen, bevor ich geboren werde und bin mit meiner Wahl zufrieden. Ich bin einzigartig und besonders. Kein Anderer sieht genau so aus wie ich. Ich bin schön, und ich werde von Tag zu Tag attraktiver. Ich wähle die Gedanken, die ein schönes Aussehen fördern. Ich liebe es, wie ich aussehe. Ich liebe mein wunderbares Aussehen und bin dankbar dafür!

16. WOCHE

Notizen:

Mein ganzes Wesen schwingt im Licht

Ich schaue in die Tiefe meines Herzens und erblicke dort den winzigen Punkt des strahlenden Regenbogenlichts. Er hat eine so wunderschöne Farbe. Er ist das wahre Zentrum meiner Liebe und Heilkraft. Ich beobachte, wie mein Lichtpunkt zu pulsieren und zu wachsen beginnt, bis er mein ganzes Herz erfüllt.

Ich lasse das Licht durch meinen Körper schwingen, vom Scheitel bis in die Spitzen der Zehen und Finger. Ich strahle dieses schöne farbige Licht – meine Liebe und Heilkraft – aus. Ich sage mir selbst: »Mit jedem Atemzug werde ich gesünder und gesünder.« Ich spüre, wie das Licht meinen Körper von Unwohlsein befreit. Ich lasse das Licht aus mir heraus an meinen besonderen Platz in der Welt leuchten.

17. WOCHE

Notizen:

Meine Liebe ist grenzenlos

Wir haben so viel Liebe auf dieser Welt, und wir haben so viel Liebe in unseren Herzen, nur manchmal vergessen wir sie. Manchmal glauben wir, dass es nicht genug davon gibt oder nur eine kleine Menge davon da ist. Also horten wir die Liebe, die wir haben, denn wir haben Angst, sie loszulassen. Wir haben Angst, sie herzugeben. Aber diejenigen unter uns, die bereit sind zu lernen, erkennen: Je mehr Liebe wir aus uns herausfließen lassen, desto mehr Liebe ist in uns und desto mehr Liebe empfangen wir. Sie ist endlos und zeitlos. Liebe ist wirklich die mächtigste Heilkraft, die es gibt. Ohne Liebe können wir gar nicht überleben. Wenn winzige Babys keine Liebe und Zuwendung erhalten, siechen sie dahin und sterben. Die meisten von uns glauben, dass wir ohne Liebe überleben können, aber wir können es nicht. Die Liebe zu uns selbst ist die Kraft, die uns heilt. Übe dies so viel, wie Du kannst.

18.

WOCHE

Notizen:

Ich liebe mich im gegenwärtigen Moment

Liebe ist der beste Schwamm, den ich kenne. Liebe löscht selbst die tiefste Prägung aus, denn nichts geht tiefer als Liebe. Wenn ich in meiner Kindheit negativ geprägt wurde und deshalb ständig denke: *Es ist alles ihre Schuld,* dann kann ich mich nicht ändern und komme nicht weiter.

Deshalb arbeite ich viel mit dem Spiegel. Ich betrachte mein Spiegelbild und sage jedem einzelnen Teil meines Körpers und meiner Seele, dass ich ihn liebe. Ich mache das jeden Morgen nach dem Erwachen und jeden Abend vor dem Schlafengehen. Ich liebe alles an dieser herrlichen Seele, die mein Ich ist.

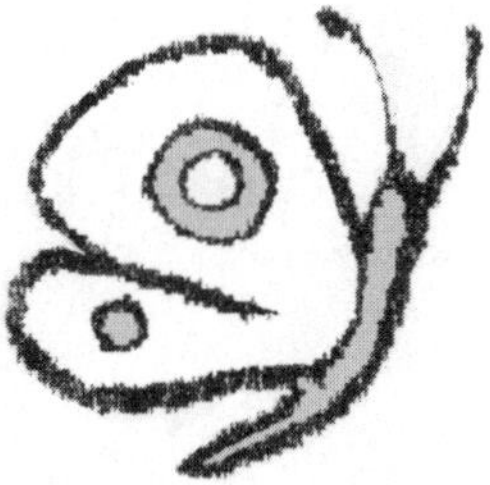

19. WOCHE

Notizen:

Ein Kreis der Liebe umhüllt meine Beziehungen

Meine Mitmenschen, ganz gleich, ob sie noch am Leben sind oder nicht, hülle ich in einen Kreis der Liebe ein. Darin schließe ich alle ein: meine Freunde, meine Familie, die Menschen, die ich liebe, meinen Partner, die Menschen an meinem Arbeitsplatz und aus meiner Vergangenheit und alle, denen ich vergeben möchte, ohne so recht zu wissen, wie das geschehen soll.

Ich bekräftige, dass ich wunderbare, harmonische Beziehungen zu allen Menschen habe, Beziehungen, die von gegenseitiger Achtung und Fürsorge geprägt sind. Ich bin mir bewusst, dass ich mein Leben in Würde, Frieden und Freude führen kann. Ich dehne diesen Kreis der Liebe über den ganzen Planeten aus und mache mein Herz offen und weit, damit ich in mir eine Dimension bedingungsloser Liebe erfahren kann. Ich bin liebenswert. Ich bin schön. Ich bin mächtig. Ich bin offen für alles Gute.

20. WOCHE

Notizen:

Ich bin zum Gewinner geboren

Indem ich lerne, mich selbst zu lieben, werde ich stark. Meine Liebe zu mir selbst erhebt mich von der Position des Opfers auf das Podest des Gewinners. Diese Liebe zu mir selbst zieht fantastische Erfahrungen an. Menschen, die eine positive Einstellung zu sich selbst haben, sind von Natur aus anziehend, weil sie einfach eine wunderbare Aura um sich herum verbreiten. Sie stehen im Leben immer auf der Gewinnerseite. Ich bin bereit zu lernen, mich jetzt zu lieben. Auch ich bin ein geborener Gewinner.

21.

WOCHE

Notizen:

Ich bin frei

Ich bin reiner Geist und Licht und Energie. Ich sehe mich selbst als freies Wesen. Ich bin frei im Geiste. Ich bin frei in meinen Gefühlen. Ich bin frei in meinen Beziehungen. Ich bin frei in meinem Körper. Ich fühle mich frei in meinem Leben. Ich lasse zu, dass ich mich mit dem Teil von mir verbinde, der reiner Geist und vollkommen frei ist. Ich lasse los von all meinen Begrenzungen und Ängsten des menschlichen Verstandes. Ich fühle mich nicht mehr festgefahren. Während ich mich mit dem Geist in mir verbinde, mit dem Teil von mir, der reiner Geist ist, realisiere ich, dass ich weitaus mehr bin als meine Persönlichkeit, meine Probleme oder meine Krankheit. Je mehr ich mich mit jenem Teil von mir verbinde, desto freier kann ich in allen Bereichen meines Lebens sein. Ich kann es mir aussuchen, der Teil von meinem Geist zu sein, der vollkommen frei ist. Wenn ich auf einem Gebiet frei sein kann, kann ich es auf vielen Gebieten. Ich bin bereit, frei zu sein. Der Teil von mir, der reiner Geist ist, weiß, wie er mich zu führen und auf eine Art zu leiten hat, die für mich sehr nützlich ist. Ich vertraue dem Geist-Teil von mir und weiß, dass es ungefährlich ist, frei zu sein. Ich bin frei in meiner Liebe für mich selbst. Ich lasse diese Liebe für mich selbst so frei wie möglich fließen. Es ist ungefährlich, frei zu sein. Ich bin Geist, und ich bin frei. Und so ist es.

22. WOCHE

Notizen:

Ich bin mein eigenes einzigartiges Selbst

Du bist nicht Dein Vater. Du bist nicht Deine Mutter. Du bist keine/r Deiner Verwandten. Du bist nicht Deine Lehrer/innen in der Schule, Du bist auch nicht die Begrenzungen Deiner früheren religiösen Erziehung. Du bist Du selbst. Du bist außergewöhnlich und einzigartig und hast Deine eigenen Talente und Fähigkeiten. Niemand kann die Dinge genauso tun wie Du. Es gibt keine Konkurrenz und keinen Vergleich. Du bist Deiner eigenen Liebe und Deiner eigenen Selbstannahme würdig. Du bist ein herrliches Geschöpf. Du bist frei. Erkenne dies als Deine neue Wahrheit an. Und so ist es.

23. WOCHE

Notizen:

Ich kann machen, was ich will

Ich bin jetzt erwachsen! Ich kann alles tun, was ich möchte. Wann immer ich das tue, was ich tun möchte, passiert mir etwas Wunderbares. Zu jemandem anderen »nein« zu sagen, kann für mich fördernd sein. Während ich für mich selbst sorge, finde ich mehr Spaß in meiner Welt. Es ist mir gestattet, Spaß zu haben. Je mehr Spaß ich habe, desto mehr lieben mich die anderen Menschen. Ich liebe mich und erkenne mich an. Ich habe ein gutes Gefühl zu mir selbst. Alles ist in Ordnung in meiner Welt voller Spaß.

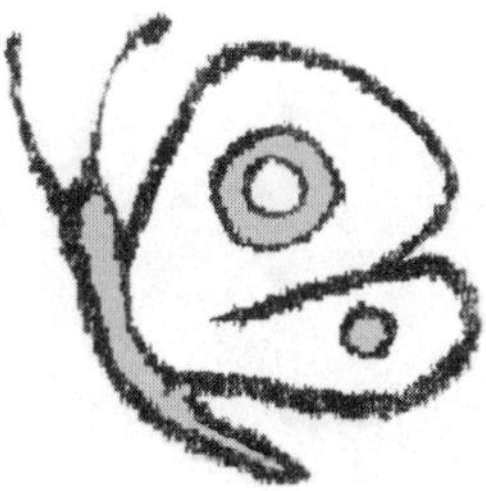

24. WOCHE

Notizen:

Ich streiche das Wort sollen aus meinem Leben

Ich streiche das Wort *sollen* für immer aus meinem Vokabular. *Sollen* ist ein Wort, das mich zum Gefangenen macht. Jedes Mal, wenn ich das Wort *sollen* ausspreche, drücke ich damit aus, dass ich oder ein anderer im Unrecht ist. Tatsächlich meine ich damit: »Ich bin nicht gut genug.«

Von jetzt an ersetze ich das Wort *sollen* durch *können. Können* sagt mir, dass ich die Wahl habe, und das bedeutet Freiheit. Ich muss mir darüber im Klaren sein, dass ich mir alles, was ich im Leben tue, so ausgesucht habe. Es gibt wirklich nichts, was ich tun *sollte*. Ich habe immer die Wahl.

25. WOCHE

Notizen:

Ich sehe mich in meiner Herrlichkeit

Ich entscheide mich jetzt, alle negativen und zerstörerischen, angstvollen Gedanken und Vorstellungen aus meinem Geist zu verbannen. Ich will weder auf abfällige Gedanken und Gespräche hören noch daran teilnehmen. Heute bin ich so weit, dass mich niemand mehr verletzen kann, denn ich weigere mich zu glauben, dass ich verletzt werden könnte.

Ganz gleich, wie berechtigt es auch scheinen mag, ich lehne es ab, negativen Emotionen nachzugeben. Ich erhebe mich über alles, das in meinem Herzen Wut oder Angst auslösen könnte. Zerstörerische Gedanken haben keine Macht mehr über mich. Ich bin bestens gerüstet für alles, was ich zu tun habe. Ich sehe allein die Herrlichkeit, die ich bin.

S M

MER

26. WOCHE

Notizen:

Ich sorge für meinen inneren Frieden

Weil ich in innerem Frieden ruhe, herrscht in der Welt um mich herum Frieden. Auch wenn andere Menschen unter Chaos und Zwietracht leiden mögen, berührt mich das nicht, denn ich habe für mich selbst Frieden erklärt. Das Universum ist ein Reich von großartiger Ordnung und Friedlichkeit, und das spiegelt sich in jedem Augenblick meines Lebens.

Um ihre himmlischen Bahnen einzuhalten, brauchen sich Sterne und Planeten nicht zu sorgen und zu ängstigen. Ebenso wenig trägt chaotisches Denken dazu bei, dass mein Dasein in friedlichen Bahnen verläuft. Ich entscheide mich für ein Leben der Friedfertigkeit, denn ich bin Friede.

27.

WOCHE

Notizen:

Ich akzeptiere das, was für mich am besten ist

Wenn ich eine heiße Kartoffel nach Dir schmeißen würde, was würdest Du damit tun? Würdest Du sie auffangen? Würdest Du sie festhalten, während sie Deine Hand verbrennt? Warum würdest Du sie überhaupt auffangen? Warum gehst Du ihr nicht einfach aus dem Weg? Es ist möglich, alles abzulehnen, sogar ein Geschenk. Bist Du Dir dessen bewusst?

28. WOCHE

Notizen:

Ich treffe meine eigenen Entscheidungen

Viele von Euch haben Machtkämpfe mit ihren Eltern. Eltern drücken viele Knöpfe. Wenn Du aufhören *willst*, dieses Spiel zu spielen, *musst* Du aufhören, dieses Spiel zu spielen. Es ist an der Zeit, dass Du erwachsen wirst und Dich entscheidest, was Du willst. Du kannst damit anfangen, indem Du Deine Eltern mit ihren Vornamen ansprichst. Werdet wie zwei Erwachsene anstelle von Elternteil und Kind.

29.
WOCHE

Notizen:

Mühelos lasse ich das Vergangene sein und vertraue dem Leben

Ich schließe die Pforten zu alten, schmerzhaften Erinnerungen. Ich schließe die Pforten zu alten Kränkungen und alter, selbstgerechter Unversöhnlichkeit. Ich könnte mich an ein Ereignis aus der Vergangenheit erinnern, das mir Schmerz und Verletzung gebracht hatte – an etwas, das ich nur schwer anschauen und verzeihen kann. Ich frage mich: »Wie lange will ich noch daran festhalten? Wie lange will ich noch an einer Sache leiden, die in der Vergangenheit geschehen ist?«

Nun schaue ich vor meinem geistigen Auge einen Fluss und nehme diese alte Erfahrung, diesen Schmerz, diese Kränkung, diese Unversöhnlichkeit und werfe das alles in diesen Fluss und sehe zu, wie es allmählich abwärts treibt und sich auflöst, bis es völlig vergangen und verschwunden ist. Ich habe wirklich die Fähigkeit loszulassen.

30. WOCHE

Notizen:

Ich habe ein Recht auf das Leben, das ich mir wünsche

Was für eine Beziehung hättest Du gerne zu Deiner Mutter? Fasse sie in die Form einer Affirmation und fange damit an, sie laut oder innerlich vor Dir selbst herzusagen. Dann kannst Du sie Deiner Mutter sagen. Wenn sie bei Dir noch immer Knöpfe drückt, bedeutet das, dass Du sie nicht wissen lässt, wie Du Dich fühlst. Du hast ein Recht auf das Leben, das Du Dir wünschst. Du hast das Recht, ein Erwachsener zu sein. Es mag nicht einfach sein. Werde Dir darüber klar, was es ist, was Du brauchst. Sie ist vielleicht nicht damit einverstanden, aber setze sie nicht ins Unrecht. Sag ihr, was Du brauchst. Frage sie: »Wie können wir das lösen?« Sage ihr: »Ich möchte Dich lieben, und ich möchte eine wunderbare Beziehung zu Dir haben, und ich muss ich selbst sein.«

31.
WOCHE

Notizen:

Ich trage dazu bei, eine Welt zu erschaffen, in der man sich ohne Gefahr lieben kann

Es ist ein Traum von mir, dazu beizutragen, eine Welt zu erschaffen, in der man sich ohne Gefahr lieben kann, in der wir geliebt und akzeptiert werden können, genauso wie wir sind. Das ist etwas, was wir uns schon als Kinder gewünscht haben: geliebt und akzeptiert zu werden, genauso wie wir sind. Wir wünschen uns das nicht erst für die Zeit, wenn wir größer oder klüger, hübscher oder mehr wie unsere Cousine oder unsere Schwester oder der Nachbar über der Straße sind. Wir wachsen auf und möchten nun dasselbe: geliebt und akzeptiert werden, genauso wie wir hier und jetzt sind. Wir werden es jedoch nicht von anderen Menschen erhalten, außer wenn wir es uns selbst geben können. Wenn wir uns selbst lieben können, wird es für uns leichter, andere Menschen zu lieben. Wenn wir uns selbst lieben, tun wir uns selbst nicht weh, und wir tun anderen Menschen nicht weh. Wir lassen los von unseren Vorurteilen und Meinungen, dass die eine oder andere Gruppe nicht gut genug ist. Wenn wir realisieren, wie unermesslich schön wir alle sind, haben wir die Antwort auf den Weltfrieden – eine Welt, in der man sich ohne Gefahr lieben kann.

32. WOCHE

Notizen:

Ich erfahre die Gesamtheit der Möglichkeiten in mir

Was bedeutet für Dich die Gesamtheit der Möglichkeiten? Sieh sie als grenzenlos an. Das bedeutet, über alle Begrenzungen hinaus zu gehen, die wir errichten können. Lass Deinen Geist über das, was Du als möglich betrachtet hast, hinausgehen. »Es kann nicht gemacht werden.« »Es wird nicht funktionieren.« »Es gibt nicht genug.« »Das ist im Weg.« Oder wie oft hast Du folgende Begrenzungen benutzt? »Weil ich eine Frau bin, kann ich das nicht tun.« »Weil ich ein Mann bin, kann ich das nicht tun.« »Ich habe nicht die richtige Ausbildung.« Du hältst Dich an Begrenzungen fest, weil sie Dir wichtig sind. Begrenzungen halten dich jedoch davon ab, die Gesamtheit der Möglichkeiten auszudrücken und zu erfahren. Jedes Mal, wenn Du sagst: »Ich kann nicht«, begrenzt Du Dich. Bist Du bereit, über das, was Du heute glaubst, hinauszugehen?

33. WOCHE

Notizen:

Ich hege positive Gedanken

Gedanken gleichen Wassertropfen. Wenn mir ständig dieselben Gedanken durch den Kopf gehen, erzeuge ich eine unglaubliche Ansammlung von Wasser. Zuerst ist es nur eine kleine Pfütze, dann vielleicht ein Teich, und während mein Geist immer wieder um dieselben Gedanken kreist, entsteht ein See und zuletzt ein Meer. Wenn meine Gedanken negativ sind, werde ich in meiner eigenen Negativität ertrinken. Wenn meine Gedanken positiv sind, wird mich der Ozean des Lebens tragen.

34. WOCHE

Notizen:

Geistige Arbeit führt zu positiven Veränderungen

Ich weiß, dass sich »dort draußen« nichts ändern wird, solange ich nicht innere Veränderungen vornehme und zu geistiger Arbeit bereit bin. Das Einzige, das ich zu ändern habe, ist ein Gedanke, nichts als ein Gedanke. Also werde ich in diesem Jahr an all das Positive denken, das ich für mich tun kann.

Mein Denken ist immer positiv. Sobald ich erwache, bekräftige ich das, was ich mir für diesen Tag vornehme, mit positiven Affirmationen. Ich sage »Fort!« zu jedem unerwünschten, negativen Gedanken. Ich bin dankbar für alles Gute in meinem Leben. Auf diese Weise leiste ich die geistige Arbeit, die positive Veränderungen bewirkt.

35. WOCHE

Notizen:

Ich verdiene alles Gute

Wenn es in mir eine Überzeugung geben sollte, die da sagt: *Das ist nichts für mich,* oder: *Ich bin nicht gut genug dafür,* dann denke ich mir: *Ich will diese Überzeugung loslassen. Das muss ich nicht mehr glauben.* Ich muss nicht dagegen kämpfen. Das ist keine schwierige Aufgabe. Ich ändere einfach einen Gedanken.

Ich bin geboren, das Leben zu genießen. Ich bestätige, dass ich jetzt bereit bin, mich für die Fülle und den Reichtum zu öffnen, die überall vorhanden sind. Genau hier und jetzt will ich das im Geist für mich fordern: *Ich verdiene Wohlstand. Ich verdiene alles Gute.* Was ich da erklärt habe, ist auf geistiger Ebene bereits vollendet und wird sich nun in meiner Erfahrungswelt manifestieren.

36. WOCHE

Notizen:

Ich bin immer in Sicherheit

Wenn Du Deine Emotionen unterdrückst oder Dinge zurückhältst, schaffst Du Chaos in Dir. Liebe Dich selbst genug, um Dir zu erlauben, Deine Gefühle zu fühlen. Abhängigkeiten, wie zum Beispiel von Alkohol, maskieren Deine Emotionen, sodass Du sie *nicht* fühlst. Lasse zu, dass Deine Gefühle hochkommen. Mag sein, dass Du eine ganze Menge altes Zeug zu verarbeiten hast. Fange an, einige Affirmationen für Dich zu machen, sodass Du dies mühelos, reibungslos und bequem machen kannst. Bekräftige, dass Du bereit bist, Deine wahren Emotionen zu fühlen und, was ganz besonders wichtig ist, sage Dir immer wieder, dass Du in Sicherheit bist.

37. WOCHE

Notizen:

Ich bin offen
und aufnahmebereit

Wenn wir Affirmationen machen, um in unserem Leben Gutes zu schaffen, und ein Teil von uns glaubt nicht, dass wir dessen würdig sind, werden wir diese Affirmationen nicht verwirklichen. Wir werden an den Punkt kommen, wo wir sagen: »Affirmationen funktionieren nicht.« Es hat jedoch nichts mit den Affirmationen zu tun, sondern mit der Tatsache, dass wir nicht glauben, dass wir es verdienen.

38. WOCHE

Notizen:

Ich öffne neue Tore zum Leben

Vor mir liegt ein langer Korridor mit vielen Türen – und jede öffnet sich zu einer neuen Erfahrung. Während ich diesen Korridor entlanggehe, sehe ich mich selbst, wie ich verschiedene Türen öffne – zu den großartigen Erfahrungen, die ich gerne machen würde. Ich vertraue darauf, dass mein innerer Führer mich so leitet, wie es für mich am besten ist, und dass meine spirituelle Entwicklung ständig fortschreitet.

Doch ganz gleich, welche Tür sich gerade öffnet oder schließt, ich bin immer in Sicherheit. Ich bin ewig. Ich werde bis in alle Ewigkeit von einer Erfahrung zur anderen schreiten. Ich sehe mich selbst, wie ich Türen öffne – Türen zu Freude, Frieden, Heilung, Wohlstand, Liebe, Verständnis, Mitgefühl, Vergebung, Freiheit, Selbstwert und Selbstachtung. Alle Türen stehen mir offen.

39. WOCHE

Notizen:

Ich bemerke, was in mir geschieht

Was musst Du tun, um in den Bewusstseinszustand zu kommen, in dem Du der glücklichste und mächtigste Mensch Deiner Welt sein könntest? Wenn Du viel an Dir gearbeitet hast und die Prinzipien verstehst, dass das, was Du denkst und sagst, zu Dir zurückkommt, dann solltest Du Dich beobachten. Beobachte Dich, ohne zu urteilen und zu kritisieren. Das scheint wohl die größte Hürde zu sein, die Du zu nehmen hast. Schau Dich einfach ganz objektiv an – alles, was Dich betrifft. Stelle einfach fest, ohne Kommentar. Beobachte einfach. Während Du Dir den Raum gibst, nach innen zu gehen und anfängst, zu bemerken, was los ist – wie Du Dich fühlst, wie Du reagierst, was Du glaubst –, lebst Du aus einem Bewusstseinszustand heraus, in dem Du viel offener bist.

HER

BST

40.
WOCHE

Notizen:

Ich bin es wert, geliebt zu werden

Du musst Dir Liebe genauso wenig verdienen wie das Recht zu atmen. Du hast das Recht zu atmen, weil Du existierst. Du hast das Recht, geliebt zu werden, weil Du existierst. Das ist alles, was Du wissen musst. Du bist Deiner eigenen Liebe würdig. Lass nicht zu, dass die negativen Meinungen Deiner Eltern oder der Gesellschaft oder sonstige Vorurteile Dir das Gefühl geben, dass Du nicht gut genug bist. Die Realität Deines Wesens ist, dass Du liebenswert bist. Akzeptiere und wisse das. Wenn Du das wirklich tust, wirst Du die Erfahrung machen, dass die Menschen Dich wie eine liebenswerte Person behandeln.

41. WOCHE

Notizen:

Ich bin gesund und voller Energie

Ich weiß und bekräftige, dass mein Körper ein freundlicher Ort zum Leben ist. Ich respektiere meinen Körper und behandle ihn gut. Ich verbinde mich mit der Energie des Universums, und ich lasse zu, dass sie durch mich hindurchfließt. Ich habe eine wundervolle Energie. Ich bin strahlend, vital und quicklebendig!

42. WOCHE

Notizen:

Ich liebe meinen Körper

Mein Körper ist eine herrliche Wohnstätte. Ich bin glücklich, dass ich gerade diesen Körper gewählt habe, weil er für mich in diesem Leben vollkommen ist. Er hat die perfekte Größe, Gestalt und Farbe. Er dient mir so gut. Ich staune über das Wunder meines Körpers. Ich wähle die heilenden Gedanken, die Gesundheit in meinem Körper aufbauen und erhalten. Ich liebe meinen wunderbaren Körper und bin dankbar dafür!

43.

WOCHE

Notizen:

Ich liebe mein Gewicht

Ich habe das für mich in diesem Augenblick vollkommene Gewicht. Es ist genau das Gewicht, das ich für mich selbst akzeptiert habe. Ich habe die Fähigkeit, mein Gewicht zu ändern, wenn ich es wünsche. Ich wähle die Gedanken, die es mir erlauben, dass ich mich wohl und zufrieden mit meinem Körper und seinem Gewicht fühle. Ich liebe mein wunderbares Gewicht und bin dankbar dafür!

44.

WOCHE

Notizen:

Mein Körper, Intellekt und Geist sind ein gesundes Team

Der Körper spricht immer zu Dir. Was machst Du, wenn Du eine Botschaft vom Körper bekommst wie ein Wehwehchen oder einen Schmerz? Normalerweise läufst Du zum Arzneischrank oder zur Apotheke und nimmst eine Pille. In Wirklichkeit sagst Du zu Deinem Körper: »Sei still! Ich will Dich nicht hören. Rede nicht mit mir!« Das ist keine gute Art, seinen Körper zu lieben. Wenn Du das erste Wehwehchen oder den ersten Schmerz verspürst oder auch nur das Geringste schiefgeht, solltest Du Dich hinsetzen, die Augen schließen und Dich ganz ruhig fragen: »Was muss ich wissen?« Lausche einige Minuten nach der Antwort. Sie kann so einfach sein wie: »Schlafe etwas.« Oder sie kann stärker sein. Wenn Du möchtest, dass Dein Körper noch längere Zeit gut für Dich funktioniert, musst Du Teil des Körper-Intellekt-Geist-Heilungsteams sein.

45. WOCHE

Notizen:

Ich bin ein harmonisches Wesen

Ich bin ein Zentrum im Göttlichen Geist, vollkommen, ganz und vollendet. Alle meine Angelegenheiten werden göttlich geführt und erzeugen somit die richtige Handlung und die perfekten Ergebnisse. Alles, was ich tue, sage oder denke, ist im Einklang mit der Wahrheit. Es gibt in meinem Leben und in meinen Angelegenheiten vollkommenes und beständiges richtiges Handeln. Ich kann mich ruhig verändern. Ich lasse alle Gedanken oder Schwingungen von Verwirrung, Chaos, Disharmonie, Respektlosigkeit oder Misstrauen los. Jene Gedanken werden vollständig aus meinem Bewusstsein entfernt. Ich bin mit allen, mit denen ich in Kontakt bin, harmonisch verbunden. Menschen lieben es, mit mir zu arbeiten und zu sein. Ich drücke meine Gedanken, Gefühle und Ideen aus, und sie werden ohne Probleme von anderen begrüßt und verstanden. Ich bin ein liebevoller, freudiger Mensch und alle lieben mich. Ich bin in Sicherheit. Ich werde überall, wo ich hinkomme, freudig begrüßt. Alles ist in Ordnung in meiner Welt, und das Leben wird immer schöner.

46.

WOCHE

Notizen:

Alles, was ich brauche, kommt zu mir zur rechten Zeit und am rechten Ort

Affirmationen machen, Wunschlisten erstellen, Schatzsuche-Karten kreieren, Visualisationen, das Schreiben eines Tagebuches – all dies kann verglichen werden mit dem Besuch eines Restaurants. Der Ober nimmt Deine Bestellung entgegen und geht dann in die Küche, um sie dem Küchenchef zu geben. Du sitzt da und machst irgendetwas, weil Du annimmst, dass das Essen auf dem Weg ist. Du fragst den Ober nicht alle zwei Sekunden: »Ist das Essen schon fertig? Wie bereiten sie es zu? Was machen sie dort drin?« Du gibst Deine Bestellung auf und weißt, dass man Dir das Essen servieren wird. Mit der *kosmischen Küche,* wie ich sie nenne, funktioniert es ähnlich. Du gibst Deine Bestellung bei der *kosmischen Küche* auf und weißt, dass man sich darum kümmert. Sie wird zur rechten Zeit und am rechten Ort erfüllt.

47. WOCHE

Notizen:

Ich bin immer gut beschützt

Wenn bei mir manchmal alles fantastisch läuft, beginne ich unruhig zu werden und mich zu fragen, ob nicht bald etwas Schlimmes geschehen könnte, das mir alles wegnimmt. Ich weiß, dass diese Ängste ein Ausdruck von Furcht und mangelndem Selbstvertrauen sind. Deshalb erkenne ich sie als denjenigen Teil von mir, der eben daran gewöhnt ist, dass ich mich über etwas aufrege: Ich danke ihm für seine Botschaft und lasse los.

Wenn ich Angst bekomme, steigt mein Adrenalinspiegel, um mich vor Gefahr zu schützen. Ich sage zu der Angst: *Ich bin dir dankbar, dass du mir helfen willst.* Und dann spreche ich eine Affirmation dazu. Ich schaue der Angst ins Gesicht und danke ihr, aber ich messe ihr keine Bedeutung bei.

48. WOCHE

Notizen:

Ich bin in Harmonie mit der Natur

Das weiß ich und bestätige es mir. Ich liebe mich und erkenne mich an. Alles in meiner Welt ist in Ordnung. Ich atme den kostbaren, doch reichlichen Atem des Lebens ein, und ich lasse zu, dass sich mein Körper, mein Geist und meine Gefühle entspannen. Es gibt keinen einzigen Grund dafür, dass ich mich fürchte. Ich bin in Harmonie mit dem gesamten Leben – der Sonne, dem Mond, den Winden, dem Regen, der Erde und der Bewegung der Erde. Die Kraft, die die Erde bewohnt, ist mein Freund. Ich lebe in Frieden mit den Elementen. Die Elemente der Natur sind meine Freunde. Ich bin flexibel und fließend. Ich bin immer in Sicherheit. Ich weiß, dass mir kein Schaden zugefügt werden kann. Ich schlafe und wache und bewege mich in vollkommener Sicherheit. Nicht nur ich bin in Sicherheit, sondern auch meine Freunde, meine Familie, und die Menschen, die ich liebe, sind in Sicherheit. Ich habe Vertrauen darin, dass die Kraft, die mich erschaffen hat, mich zu allen Zeiten und unter allen Umständen beschützt. Wir erschaffen unsere eigene Wirklichkeit, und ich erschaffe mir eine Wirklichkeit der Einheit und Sicherheit. Dort, wo ich bin, ist immer eine Insel der Sicherheit. Ich bin in Sicherheit, es handelt sich nur um Veränderung. Ich liebe mich und erkenne mich an. Ich vertraue mir. Alles in meiner Welt ist in Ordnung.

49. WOCHE

Notizen:

Ich bin mit der Höheren Energie verbunden

Jetzt ist es an der Zeit, dass Du von Deiner eigenen Kraft erfährst und wozu Du fähig bist. Was kannst Du loslassen? Was kannst Du in Dir nähren? Was kannst Du neu erschaffen? Die Weisheit und Intelligenz des Universums steht Dir zur Verfügung. Das Leben ist da, um Dich zu unterstützen. Wenn Du Angst bekommst, denke an Deinen Atem und sei Dir bewusst, wie jeder Atemzug in Deinen Körper hineinströmt und aus Deinem Körper herausfließt. Dein Atem ist die wertvollste Substanz in Deinem Leben, und er wird Dir großzügig geschenkt. Du hast so viel, wie Du brauchst, um zu leben. Wenn diese wertvollste Substanz Dir so großzügig geschenkt wird, dass Du sie ohne nachzudenken annehmen kannst, ist es Dir dann nicht möglich, dem Leben zu vertrauen, dass es Dich auch mit den anderen Dingen versorgt, die Du brauchst?

50. WOCHE

Notizen:

Ich vertraue der Intelligenz in mir

Es gibt eine Intelligenz. Sie ist überall gleichermaßen anwesend. Diese Intelligenz ist in Dir und in allem, nach dem Du trachtest. Wenn Du Dich verirrst oder etwas verlierst, fange nicht damit an: »Ich bin am falschen Ort; ich werde den Weg nicht finden.« Hör damit auf. Wisse, dass die Intelligenz in Dir und die Intelligenz in dem, was Du suchst, die Kraft hat, Euch jetzt zusammenzubringen. Nichts geht im Göttlichen Geist verloren. Vertraue dieser Intelligenz in Dir.

WIN

TER

51. WOCHE

Notizen:

Ich ruhe in Wahrheit und Frieden

Unabhängig davon, wo ich mich gerade befinde: Überall ist nur Geist, Gott, grenzenlose Güte, grenzenlose Weisheit, grenzenlose Liebe und grenzenlose Harmonie. Es kann gar nicht anders sein. Da ist keine Dualität. Da sind keine Probleme, für die es nicht eine Lösung gäbe. Ich beschließe, mich nicht damit abzufinden, die Lösung für jede Art von Zwiespalt, der in der wahrhaft harmonischen Atmosphäre meiner Welt auftauchen könnte, allein in göttlichem Eingreifen zu suchen.

Ich bin bereit, aus diesem scheinbaren Zwiespalt und Chaos zu lernen und daran zu wachsen. Ich lasse das Kritisieren sein und wende mich nach innen, um die Wahrheit zu suchen. Für mich selbst und jeden anderen Menschen in meinem Leben verkünde ich Frieden, Sicherheit, Harmonie, ein tiefes Gefühl der Selbstliebe und die Bereitschaft, andere zu lieben. Ich ruhe in der Wahrheit und ich lebe in der Freude.

52. WOCHE

Notizen:

Ich folge meiner inneren Weisheit

Meine innere Weisheit kennt alle Antworten. Manchmal mag dieses Wissen beängstigend sein, weil die Antwort, die ich innerlich empfange, ganz anders ausfällt als das, was meine Freunde oder meine Familie von mir erwarten. Doch in meinem Herzen weiß ich, was für mich richtig ist, und wenn ich dieser inneren Weisheit folge, lebe ich in Harmonie mit meinem eigenen Wesen.

Ich bestärke mich darin, für mich selbst die richtigen Entscheidungen zu treffen. Wenn ich in Zweifel bin, frage ich mich: »Kommt das, was ich vorhabe, aus der liebenden Dimension meines Herzens? Ist dies für mich eine liebevolle Entscheidung? Ist das jetzt richtig für mich?« Die Entscheidung, die ich zu einem späteren Zeitpunkt treffe – einen Tag, eine Woche oder einen Monat später –, mag dann nicht mehr die passende Entscheidung sein. Doch dann kann ich sie ändern. Ich frage mich in jedem Augenblick: »Ist das für mich richtig?« Und ich antworte: »Ich liebe mich und ich treffe stets die richtige Wahl.«